CASTILLOS

MARAVILLAS DE LA HUMANIDAD

Jason Cooper

Versión en español de Aída E. Marcuse

Rourke Enterprises, Inc.
Vero Beach, Florida 32964

FOTOS
© James P. Rowan, tapa, página 4, 10, 12, 13, 18
© Lynn M. Stone, página 7, 15, 17, 21: © Roger Boyd, página uno
© Frank S. Balthis, página 8

LIBRARY OF CONGRESS
Library of Congress Cataloging-in-Publication Data
Cooper, Jason, 1942-
[Castillos. Español]
  Castillos / por Jason Cooper; versión en español de Aída E.
Marcuse
    p. cm. — (Maravillas de la Humanidad)
    Traducción de: Castles
    Incluye un índice.
    Resumen: Examina la historia, los distintos tipos y la función
de los castillos.
    ISBN 0-86592-937-8
    1. Castillos—Literatura juvenil.
[1. Castillos. 2. Materiales en idioma español.]
I. Título. II. Series: Cooper, Jason, 1942-
Maravillas de la Humanidad.
NA7710.C6918 1991
728.8'1'094—dc20   91-21047
                                    CIP
                                    AC

ÍNDICE

CASTILLOS

Ya han pasado los días de los ricos terratenientes y sus **caballeros.** Pero muchos de sus castillos de piedra aún permanecen de pie.

La mayor parte de ellos se construyeron en Europa, hace unos seiscientos o mil años. Los que aún quedan nos dicen muchas cosas acerca de la vida en los tiempos antiguos.

Los castillos eran las casas-fortalezas de los reyes y los **nobles,** como eran llamados los terratenientes en ese entonces. Repartidos por todas partes, revelaban el gran poderío de los nobles.

Cientos de ellos fueron construídos en Inglaterra, Escocia, Francia, Alemania y otros países europeos.

Dover, uno de los castillos
más fuertes y resistentes

¿POR QUÉ SE CONSTRUYERON LOS CASTILLOS?

La mayor parte de ellos se hicieron durante la **Edad Media.** En esos tiempos, Europa estaba formada por pequeños estados o reinos que guerreaban entre sí frecuentemente.

Los reyes repartían tierras entre los ricos nobles, para que éstos los ayudaran a defender su país. Los nobles construían castillos y formaban ejércitos con soldados propios: sus **caballeros.**

Los caballeros defendían los castillos y las tierras que los rodeaban. Vivían con los nobles, encerrados en el castillo y protegidos por sus altas murallas.

Toscas murallas de piedra protegían a los defensores del castillo

LOS PRIMEROS CASTILLOS

Los castillos se construían en lugares que ofrecían buena vista aún a la distancia y sus dueños además, trataban, de elegir un lugar difícil de atacar. Muchos de ellos estaban en la cima de las colinas o en las márgenes de ríos y lagos.

Los primeros castillos se construyeron de tierra y madera, y no eran lo bastante sólidos como para resistir las inclemencias del tiempo o el fuego. Por lo tanto, los constructores de castillos pronto empezaron a hacerlos de piedra.

El castillo Hohenschwangau, en las colinas de Schwangau, Alemania

LOS ÚLTIMOS CASTILLOS

Los castillos fueron muy importantes en Europa durante unos cuatrocientos años. Pero hacia 1400 dejaron de serlo, porque ya no eran los lugares seguros que fueran antes. Se había inventado la pólvora, y, disparadas por ella, las balas de cañón penetrabán aún las fuertes murallas de los castillos.

Además, los reyes disponían ahora de un gran ejército y no necesitaban más los pequeños ejércitos de los nobles. Éstos, por su parte, deseaban vivir más confortablemente y los castillos de piedra, de impresionante apariencia, no eran cómodos.

Pendennis, uno de los últimos castillos (1545) en Cornwall, Inglaterra

El castillo Harlech, en Gales, construído hacia 1200, fue sitiado y tomado en 1458

La Torre de Londres era un castillo para los reyes de Inglaterra y una prisión para sus enemigos

LAS PARTES DE UN CASTILLO

Muchos castillos tenían un edificio principal, llamado el **fuerte,** constituído por un gran vestíbulo, los dormitorios y una pequeña iglesia.

El fuerte estaba rodeado de campos cercados por una o varias altas murallas. En ellas habían sido abiertos muchos agujeros, por los cuales los soldados arrojaban flechas al exterior.

Las torres y otras habitaciones a menudo formaban parte de las murallas. Más allá de la muralla exterior había un zanjón lleno de agua: el **foso.**

Las torres eran a menudo construídas en las murallas del castillo

COMO SE CONSTRUÍAN LOS CASTILLOS

Construir un castillo era una tarea que podía emplear tres mil obreros y necesitar veinte años. Años después, a menudo se le agregaban más cuartos y murallas.

La mayor parte del castillo se hacía de piedra. Los bloques se unían con **argamasa,** una mezcla de arena, cal y agua. (El castillo de Bolton, en Inglaterra, se consideraba especialmente fuerte porque se había agregado sangre de bueyes a su argamasa.)

Las murallas de los castillos tenían hasta treinta metros de espesor, tanto como el ancho de una casa pequeña, y estaban rellenas de piedras sueltas y argamasa.

Los techos, vigas, pisos y puertas, eran de madera. Y en algunas ventanas, los castillos tenían vidrios.

Muralla en ruinas en el castillo Bolton en Yorkshire, Inglaterra

LA VIDA EN EL CASTILLO

La vida de la gente que vivía en el castillo se asemejaba a la de una pequeña aldea. El castillo satisfacía la mayor parte de sus necesidades. La comida y la bebida provenían de las panaderías, cervecerías y pozos de agua del castillo. Cuando era necesario, un castillo podía resistir mucho tiempo a sus atacantes.

Los castillos eran lugares fríos, llenos de corrientes de aire. Cuadros y tapicerías alegraban las paredes sin alcanzar a calentarlas. Las chimeneas ofrecían algún calor, y lámparas de aceite y velas cortaban la oscuridad de los cuartos.

En el castillo de Caernarvon, en Gales, el rey Eduardo I construyó una ciudad dentro del perímetro de las murallas del castillo

19

LOS CASTILLOS HOY EN DÍA

Hoy en día hay cientos de castillos que pueden ser visitados. Cientos más han sido destruídos o están completamente arruinados.

Muchos castillos han sido abiertos al público: sus países los han convertido en museos y los conservan como testigos de la vida en tiempos pasados. Otros más siguen siendo propiedad privada de algunas familias.

Algunos castillos han sido cuidadosamete restaurados y lucen hoy en día casi como lo hicieran en la Edad Media.

Las ruinas del castillo Richmond, en Inglaterra, atraen turistas de todo el mundo

ATAQUES AL CASTILLO

El ataque a un castillo de piedra nunca era tarea fácil, pero muchos los llevaron a cabo con éxito, aún antes de la era de los cañones.

Los ejércitos atacantes trepaban sobre las murallas y se servían de enormes postes, llamados **arietes,** para demoler los portones del castillo.

Un ejército podía, además, arrojar grandes piedras mediante una **catapulta,** que funcionaba como si fuera una honda gigantesca. A veces, el ejército atacante abría túneles bajo las murallas del castillo.

GLOSARIO

argamasa — una mezcla de cal, arena y agua, parecida al cemento

ariete — una viga larga y pesada, con la punta reforzada con hierro o bronce, usada para perforar las murallas

caballero — un tipo especial de soldado, por lo general sirviendo en el ejército privado de un noble

catapulta — una máquina utilizada para arrojar cosas tales como grandes piedras

Edad Media — Período de la historia europea, entre los años 500 y 1500 de nuestra era

foso — Un zanjón lleno de agua que corre alrededor de un castillo

fuerte — La parte central, y más sólida, de un castillo

noble — persona que integraba un grupo de ricos y poderosos terratenientes

ÍNDICE ALFABÉTICO